經典
少年遊

004

列女傳

儒家女性代表

Biographies of Exemplary Women
The Moral Education of Ancient Chinese Women

繪本

故事◎林怡君
繪圖◎楊小婷

《列女傳》是由西漢儒家學者劉向所寫。
當時漢成帝過分寵愛
趙飛燕姊妹而延誤朝政，
外戚又常使宮廷發生動盪，
所以劉向希望透過《列女傳》，
讓天子在擇取后妃時，有所依據；
也讓後宮嬪妃能以書中婦女作為榜樣，
學習良好的德行。

劉向收集了很多中國古代
各種賢德的女性，
把她們的故事整理出來，
分成不同的女性典範。
例如魯國公卿公父穆伯的妻子敬姜，
就是中國一位偉大的母親代表。

6

敬姜是穆伯的妻子，
和穆伯生了一個兒子名叫文伯。
丈夫死後，除了照顧孩子，
知書達禮的她更善用禮教，
時時教導孩子，
希望文伯能成為有禮、
守禮的人。

有一次，文伯從外地遊學完回家時，
敬姜發現文伯的朋友為他捧劍，
還幫他擺好鞋子。
敬姜責備文伯說：
「你以為自己是誰？
你怎麼能讓朋友這樣服侍你呢？」
但是文伯認為自己已經長大了，
本來就應該接受這樣的對待。

敬姜於是對文伯機會教育：

「齊桓公總是虛心接納臣子的指正；

周公就算在吃飯，

遇到賢人來訪，

也會立刻放下碗筷，

趕緊去接待。

而你年紀還這麼小，

就敢在朋友面前擺架子？

這樣朋友怎麼可能想幫助你？」

文伯因此明白了自己的過錯，
變得對朋友很有禮貌，也謙虛許多。
和長輩吃飯時，
還會主動幫忙擺菜、排碗筷。
敬姜看見兒子的改變，
這才認為兒子長大了。

13

敬姜還常以生活中的事物作為比喻來教育兒子。有一次她對文伯說：「小小的織布機，其實隱藏許多大道理。織布機上的每一個零件都有它的功用。在任用人才時，就和組合織布機的零件一樣，要擺對位置才能發揮作用。」

文ㄨㄣˊ伯ㄅㄛˊ當ㄉㄤ官ㄍㄨㄢ後ㄏㄡˋ，
有ㄧㄡˇ天ㄊㄧㄢ退ㄊㄨㄟˋ朝ㄔㄠˊ時ㄕˊ看ㄎㄢˋ到ㄉㄠˋ敬ㄐㄧㄥˋ姜ㄐㄧㄤ在ㄗㄞˋ紡ㄈㄤˇ紗ㄕㄚ，
他ㄊㄚ說ㄕㄨㄛ：「媽ㄇㄚ媽ㄇㄚ，您ㄋㄧㄣˊ不ㄅㄨˊ要ㄧㄠˋ再ㄗㄞˋ紡ㄈㄤˇ紗ㄕㄚ了ㄌㄜ，
不ㄅㄨˋ然ㄖㄢˊ別ㄅㄧㄝˊ人ㄖㄣˊ看ㄎㄢˋ到ㄉㄠˋ了ㄌㄜ，
會ㄏㄨㄟˋ以ㄧˇ為ㄨㄟˊ我ㄨㄛˇ沒ㄇㄟˊ有ㄧㄡˇ能ㄋㄥˊ力ㄌㄧˋ照ㄓㄠˋ顧ㄍㄨˋ您ㄋㄧㄣˊ，
才ㄘㄞˊ會ㄏㄨㄟˋ讓ㄖㄤˋ您ㄋㄧㄣˊ還ㄏㄞˊ這ㄓㄜˋ麼ㄇㄜ辛ㄒㄧㄣ苦ㄎㄨˇ的ㄉㄜ工ㄍㄨㄥ作ㄗㄨㄛˋ。」
敬ㄐㄧㄥˋ姜ㄐㄧㄤ卻ㄑㄩㄝˋ認ㄖㄣˋ為ㄨㄟˊ文ㄨㄣˊ伯ㄅㄛˊ不ㄅㄨˋ懂ㄉㄨㄥˇ當ㄉㄤ官ㄍㄨㄢ的ㄉㄜ道ㄉㄠˋ理ㄌㄧˇ。

敬姜告訴文伯：
「以前的古聖先王會故意
讓百姓住在貧脊的土地上，
讓他們學會勤勞工作，
然後才任用他們為官。
因為勤勞的人，才能學會思考；
學會思考後，就知道要存好心；
存好心，自然就能做好事。」

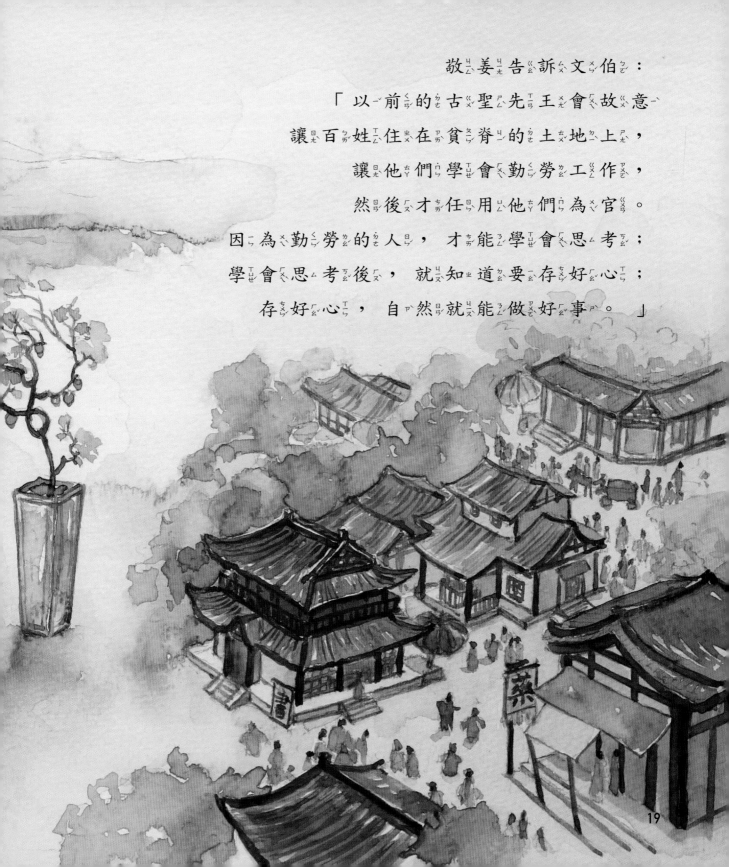

「為什麼帝王不讓
百姓住在肥沃的土地上？」
敬姜說：
「這是因為住在肥沃的土地上，
不用付出太多勞力，就可以有所收穫。
久而久之，人們就會養成安逸的心態，
開始放縱。
放縱的人無法存好心，
當然也就不能做好事」

「總而言之，太安逸不是好事，
多勞動才能有所成就。
所以不管是誰，
都要清楚自己
什麼時候該做什麼事，
而且都要盡力完成，
不能因為辛苦就不做了。」
「我明白了。」文伯點點頭。

文伯又問：

「如果是身分地位崇高的人，

也需要勞動嗎？」

敬姜回答他：

「就算貴為天子和諸侯，

也不能有偷懶的念頭。

天子在不同的時節，

要進行不同的祭典；

諸侯要執行天子交代的事務，

處理自己國內的政事。」

「如果是平民， 就可以偷懶嗎？」文伯問。

「天子、 諸侯都不能偷懶，

更何況是平民。

不論身分地位是高還是低，

每個人， 每一天都要日出而作，

日落而息，

絕對不可以有怠惰的想法。」

「那女生呢？也不可以偷懶嗎？」
「當然！」
「如果已經是別人的妻子，
就要學會做衣服，
幫丈夫打點好外出的行頭，
讓丈夫看起來能夠彬彬有禮。
就算是皇后，也要親手為丈夫做衣服呢！」

「古聖先王一再告訴我們：
『君子勞心， 小人勞力』，
我們母子兩人相依為命，
你不但沒有提醒我這個道理，
還反而要我不要紡紗，
要我過得安逸！
如果抱著這種想法去當官，
我看我們季家要絕後了！」

文ㄨㄣ伯ㄅㄛ沒ㄇㄟ想ㄒㄧㄤ到ㄉㄠ自ㄗˋ己ㄐㄧ的ㄉㄜ一ㄧ句ㄐㄩ話ㄏㄨㄚ，
會ㄏㄨㄟ讓ㄖㄤ母ㄇㄨ親ㄑㄧㄣ如ㄖㄨ此ㄘˇ生ㄕㄥ氣ㄑㄧ，他ㄊㄚ羞ㄒㄧㄡ愧ㄎㄨㄟ到ㄉㄠ面ㄇㄧㄢ紅ㄏㄨㄥ耳ㄦ赤ㄔ。
但ㄉㄢ是ㄕˋ，經ㄐㄧㄥ過ㄍㄨㄛ母ㄇㄨ親ㄑㄧㄣ的ㄉㄜ教ㄐㄧㄠ導ㄉㄠ後ㄏㄡ，
他ㄊㄚ明ㄇㄧㄥ白ㄅㄞ自ㄗˋ己ㄐㄧ一ㄧ定ㄉㄧㄥ要ㄧㄠ時ㄕˊ時ㄕˊ刻ㄎㄜ刻ㄎㄜ自ㄗˋ我ㄨㄛ要ㄧㄠ求ㄑㄧㄡ，
成ㄔㄥ為ㄨㄟ一ㄧ個ㄍㄜ勤ㄑㄧㄣ勞ㄌㄠ負ㄈㄨ責ㄗㄜ的ㄉㄜ人ㄖㄣ，
才ㄘㄞ不ㄅㄨ會ㄏㄨㄟ讓ㄖㄤ母ㄇㄨ親ㄑㄧㄣ失ㄕ望ㄨㄤ，讓ㄖㄤ季ㄐㄧ家ㄐㄧㄚ蒙ㄇㄥ羞ㄒㄧㄡ。

敬姜在意治國大事，
也同樣在乎生活小事。
有次文伯邀請露堵父
做他宴席上的陪客，
才剛上完菜，露堵父就說：
「等這鱉長大以後，
　再來吃吧！」
說完他就生氣的離去。
留下一旁錯愕的文伯。

35

36

敬姜一知道這件事，就生氣的把文
伯趕出去，並說：「招待客人當然
要用最好的酒菜，怎麼可以這麼小
氣吝嗇，還把客人氣跑了，真是太
過失禮！」直到五天後魯國大夫來
替他求情，她才原諒文伯。

孔子聽說了敬姜的言行，
稱許有加，一再讚美敬姜的知禮。
連至聖先師都如此讚許，
更說明了敬姜在教兒育子的用心
值得後人學習。

《列女傳》中共有一百零四位女性，
但只有敬姜被稱為慈母，
她的言行可以說是「慈母」的最佳典範。
劉向希望藉由敬姜的故事，
讓皇帝的後宮嬪妃向她看齊，
學習她教育孩子的方法和智慧，
並成為令人尊敬的慈母。

列女傳

儒家女性代表

讀本

原典解說◎林怡君

寫出《列女傳》來勸誡皇帝的劉向，與哪些人有關呢？

劉向（公元前 77 ～前 6 年）是西漢人，是漢高祖弟弟楚元王劉交的第四代孫。熟悉經學，曾校勘大量古代書籍，保存重要的知識。劉向認為當時的宮廷氣氛動盪，因此作《列女傳》，以著名的女性歷史人物當作例子，希望達到教育規勸皇帝與皇室的目的。

劉向

漢元帝是西漢第十一位皇帝。自宣帝之後，接下來歷經元、成、哀、平四位皇帝，國勢逐漸走下坡。漢元帝執政早期，曾多次出兵擊敗匈奴，漢朝與匈奴之間的大戰至此告一段落。之後漢元帝娶王政君為后，揭開了外戚王氏掌權的序幕，也導致西漢走向衰亡。

漢元帝

相關的人物

TOP PHOTO

漢成帝

漢成帝是漢元帝的長子。即位以後，重用舅舅王鳳，把國家大事都交給他處理，王氏家族從此得勢，日後奪權建立新朝的王莽便來自此一家族。而成帝自己則縱情聲色，劉向有鑑於此，才撰寫《列女傳》來試圖勸諫成帝，端正風氣。上圖為山西大同北魏司馬金龍墓所出土的屏風漆畫〈列女古賢圖〉，以漢成帝與班婕妤為題繪製。

漢成帝的第二任皇后。成帝十分寵愛趙飛燕姊妹，卻始終沒有小孩。皇帝的妃子許美人生了孩子，趙氏姊妹便哀求哭鬧，逼皇帝殺死他的孩子。劉向寫《列女傳》，讓皇帝有前車之鑑，知道溺愛趙飛燕，一定會為國家帶來災禍。右圖為明朝仇英所繪趙飛燕。

TOP PHOTO

趙飛燕

劉歆

劉歆是劉向的兒子，他繼承父親整理書籍的工作，完成了《七略》。他同時也是古文經學的專家，王莽建立新朝後，在他的建議下，將古文經立為五經博士。

顧愷之

顧愷之是東晉時的畫家，不只擅長繪畫，也擅長寫詩、書法，而被當時的人稱為「才絕、畫絕、癡絕」。他根據《列女傳》的故事，完成了《列女仁智圖》。

劉知幾

劉知幾是唐朝人，他的《史通》，開啟了歷史評論的先河，也是中國第一本有關史學理論的作品。他曾嚴厲批評劉向為勸戒皇帝而作的《洪範五行傳論》、《列女傳》與《說苑》等書，充斥著虛構的歷史。

45

出身皇室家族，劉向如何看待外戚與宦官控制政治的現象？

公元前 77 年

劉向本名劉更生，是劉邦少弟劉交的四代孫。劉邦有兄弟四人，只有劉交是讀書人，漢朝建立後被封為楚元王。劉交的後代子孫時常在朝中擔任「宗正」官職，負責管理皇室事務。

出生

公元前 63 年

學術常與政治結合。漢武帝重視《公羊春秋》，因為它除了提倡道德教化，更強調刑法在統治上的重要性。漢宣帝則傾向《穀梁春秋》，重視禮樂教化與仁德的重要性，於是指派劉向學習《穀梁春秋》。

受穀梁傳

相關的時間

石渠講經

貶為庶人

公元前 51 年

宣帝請《穀梁春秋》的專家到宮中講經十餘年後，在石渠閣進行辯論，討論《公羊春秋》與《穀梁春秋》的優劣，並親自裁判。穀梁派獲得勝利，學術風氣也因此扭轉。劉向辯論有功，成為皇帝顧問。上圖為《帝鑑圖說》明朝刻本中的〈詔儒講經〉，便是在描繪這場石渠講經的情境。

公元前 48 年

漢元帝在位時，劉向不滿當時政治受到外戚與宦官的控制，於是說地震現象是上天的警告，代表朝中充斥禍國的小人，建議皇帝遠離他們。劉向的言論激怒了大權在握的政敵，因此鋃鐺入獄，還被貶為庶人。

校訂群書

公元前 26 年

兩漢之間的動亂導致大量的書籍遺失，因此成帝派遣使者陳農到各地找書，收入皇宮的書庫。劉向則負責校訂，並記錄篇目、進行摘要，編成《別錄》一書，成為目錄學的最早作品。可惜該書已遺失。

中壘校尉

公元前 23 年

漢成帝即位後便處死干政的宦官，並恢復劉向的官職。但國家大事仍被王鳳掌握，劉向時常批評外戚干政。成帝讚許他的忠心，封他為中壘校尉，地位僅次於將軍，但也無法改變外戚干政的現象。

著列女傳

公元前 23 年

成帝將國事交給王鳳處理，自己逐漸沉迷酒色。劉向把原因歸咎於趙飛燕姊妹，所以採集《詩經》、《尚書》中有關女性的故事，分成八篇，列舉歷史中具有美德或導致國家衰亡的各種女性，希望皇帝記取教訓。右圖為明朝尤求所繪〈漢宮春曉圖〉，描繪漢成帝寵幸趙飛燕的情景。

TOP PHOTO

劉向年輕時便以「通達屬文辭」聞名，他有哪些重要的作品，哪些事物又與他有關呢？

TOP PHOTO

《列女仁智圖》（上圖）是東晉出名的畫家顧愷之，根據劉向《列女傳》中的故事而畫的。目前留存下來的是宋朝人臨摹的版本，並且只留下了二十八個人物。《列女仁智圖》省略掉背景，只平列出人像的畫法，稱為平列構圖布局法。

列女仁智圖

相關的事物

劉向小時候曾讀過一本書叫《枕中鴻寶苑秘書》，講神仙如何用法術煉黃金，以及長生不老的法子。劉向信以為真，將它推薦給皇帝。劉向花了政府許多錢，結果完全沒有效果，差點被處死。

煉金術

古代人將彗星稱為孛星，認為它是不祥的預兆。「星孛東井」是指彗星出現在東井附近。劉向看到這個現象，認為國家即將面臨災難，趕緊上書提醒皇帝。

星孛東井

成帝時劉向奉命整理皇宮收藏的圖書。劉向每校訂完一本書，便寫一份《敘錄》附在書後，交代書籍的作者、內容、學術價值與校訂經過。劉向將這些《敘錄》收集起來，匯整成一書，稱為《別錄》，共二十卷。

敘錄與別錄

五行傳記

成帝在位時屢次出現日蝕、地震，於是劉向作〈洪範五行傳論〉，收集從古至今的各種符瑞災異，一一與政治狀況對照。劉向用這種方法提醒皇帝，當今的災異現象，是上天不滿王鳳掌權的警告。文章部分收於《漢書·五行志》。

九嘆

劉向不僅知識淵博，又會寫文章，可惜大部分的文章都散失了，只有〈九嘆〉保存下來。〈九嘆〉是為紀念屈原而作，形式上屬於楚辭。楚辭是流行於楚國的詩歌形式，以屈原的〈離騷〉最為有名。

列女傳

「列女」是指諸位女性的意思，劉向在《列女傳》中描寫了各式各樣的女性，有賢明貞順的，也有背節棄義的，用以影射趙飛燕姊妹。劉向也採集古代歷史事件，編成《新序》、《戰國策》，以勸戒皇帝。右圖為清朝金廷標所繪〈婕妤擋熊圖〉，描繪《列女傳》中馮婕妤挺身為漢元帝擋避野熊攻擊的歷史故事。

劉向是皇室之後，他看到西漢國勢由盛轉衰的關鍵，
時常提出勸戒。到底哪些地方有他的影蹤呢？

TOP PHOTO

劉邦統一天下以後，採取郡縣制度與封建制度並行的方式，冊封劉氏家族為諸侯。劉向的祖先劉交被封在楚國，其中，彭城郡位於江蘇的徐州市，是楚國的核心部分。左圖為徐州戲馬臺。

相關的地方

彭城郡

陽城

烏壘城

長安

劉向早年相信煉金術，甚至主動遊說皇帝，因此獲得尚方的職位，負責提煉黃金。結果慘敗告終，劉向因此被關了起來。他的哥哥劉安民是陽城侯，最後以封地一半的收入當作賠償，才保住劉向的性命。陽城位於河南省的陽城鎮。

長期與漢朝爭奪西域控制權的匈奴，因為爆發內亂，而主動向漢朝投降。漢朝便在西域設立「都護制度」，指派身兼政治代表與軍事長官的都護經營西域，治所則設於現在新疆輪臺的烏壘城。

漢成帝時，劉向拜中郎使，領護三輔都水，掌管長安一帶的水利業務。「三輔」原本是指三種官員，他們負責長安與附近地區的行政事務，後來也指長安一帶的地區。「都水」則是負責灌溉與河道維護的官職。

石渠閣

石渠閣是蕭何所建造，負責收藏從秦皇宮取得的文書資料，因為建築物下方有導水的石渠而得名。石渠閣不只是藏書的地方，漢宣帝時也曾於此地召集劉向等儒生，進行學術討論，辯論五經的異同。石渠閣的遺址在未央宮背面，1952 年被發現時，只剩下臺基的部分。

劉向墓

劉向墓位於江蘇省徐州市的九里區。徐州古稱彭城，因豐富的歷史文化遺產聞名於世，如漢朝墓葬、兵馬俑以及畫像石。

五原郡

TOP PHOTO

劉向在參與石渠閣會議前後，中國對匈奴的關係取得重大進展。匈奴陷入內戰導致實力虛弱，因此主動向漢朝稱臣。漢朝將臣服的匈奴移入長城內，安置在五原郡。五原郡位於包頭市的九原區，區內還殘存著戰國、秦漢時期的長城（上圖）。

敬姜

　　《列女傳》是西漢末年的經學家劉向所著。劉向的曾曾祖父劉交，是漢高祖劉邦的同父少弟。作為皇室宗族的一員，劉向雖不受重用，但備受皇帝禮敬，因此對於政事自然投以關心。當他看見漢成帝寵愛趙飛燕姊妹，荒淫無度，而出身微賤的趙飛燕姊妹行為又多有逾矩，造成後宮混亂時，劉向認為「王教由內及外，自近者始」。所以蒐錄賢妃貞婦的事例作為榜樣；同時也蒐集孽嬖亂亡的惡婦事例作為警戒，不但為漢成帝和後宮妃嬪提供了可學習的榜樣，更希望漢成帝和後宮妃嬪能引以為戒。劉向其實希望透過《列女傳》去告戒漢成帝，若是再沉迷女色，不但國事會荒廢，國家的命運也將走向滅亡。

　　《列女傳》內容有《母儀傳》、《賢明傳》、《仁智傳》、《貞順傳》、《節義傳》、《辯通傳》、《孽嬖傳》等七卷，以

今我寡也，爾又在下位，朝夕處事，猶恐忘先人之業，況有怠惰，其何以辟！吾冀汝朝夕修，我曰：「必無廢先人。」爾今也曰：「胡不自安。」

——《列女傳·母儀傳·魯季敬姜》

歷史人物故事的方式來呈現。但這些故事有的是將古人文章抄錄過來，有的是經過改寫，這些故事呈現出來時，已非原本事實的全貌。因為劉向在寫作的過程中，放入了自己的想法以及對女子的期待，展現出自己的社會政治理想。其中《母儀傳》主要描述歷史上各種母親用道德教育後代的故事，〈魯季敬姜〉一文就是收錄在《母儀傳》裡。

文伯退朝後看見母親敬姜在紡紗，他要母親不要再紡紗，而使母親大怒。敬姜以「勞、逸」兩者間的關係，嚴厲的訓戒文伯不管是何種身分地位，都絕對不可偷懶。敬姜還告戒文伯：不但不可忘掉先人的功績，更不可因此懈怠，反而要更加努力。然而，從敬姜紡紗一事，也可看出劉向心中的「理想」婦女，相夫教子是必備的條件，同時也要不廢棄紡紗，為丈夫縫製衣服，努力從事生產。

「好內，女死之；好外，士死之。」今吾子夭死，吾惡其以好內聞也。——《列女傳·母儀傳·魯季敬姜》

文伯去世時，敬姜告訴文伯的侍妾們：「我聽說喜歡跟妻妾膩在一起的人，女子會為他殉節；而喜歡親近外人者，男子會為他犧牲。我的孩子死去了，我怕別人會說他好內。」因此，敬姜希望媳婦們不要哭得呼天搶地，因為這樣會讓外人以為，文伯喜好女色，成天忙著談感情，一點都不以國家大事為重。敬姜認為媳婦們在服喪的過程能安安靜靜的，如此才能彰顯文伯的美德。

《禮記·檀弓》篇裡也提到文伯去世，敬姜臨屍不哭的事。敬姜原本以為兒子文伯長大以後可以成為賢人，但是沒想到

現在文伯死了，朋友諸臣都沒有人流淚，妻妾卻泣不成聲。
這讓敬姜覺得文伯平常一定是個疏於禮節的人，不禁懊惱、
感嘆！

　　身為母親，敬姜在教育孩子時，十分嚴格，就連孩子去世，母
親在「禮」的部分也絲毫不馬虎。雖然文伯沒有達到母親所要求的
標準，但是，就算文伯已經過世，母親也希望媳婦們能為文伯留一
個好名聲。敬姜不但對家人以禮嚴格要求，更是用禮嚴以律己。

　　《列女傳》的故事內容以儒家思想為主，由〈魯季敬姜〉一文
即可明白劉向重儒的想法，但因受到當時風氣影響，書中偶而會摻
雜其他學派的思想。《列女傳》以女性作為書寫對象，但重點是在
價值規範。人物的故事不僅是故事，因為那故事成為了楷模，那人
物成為了榜樣。

文伯

文伯放學回來，讓朋友跟著自己後面，朋友倒著走後退下階，不但為文伯捧劍，還為文伯擺好脫下的鞋子。敬姜看到立刻訓斥，因為文伯的朋友用服侍父兄的禮儀來對待文伯，而文伯也一副理所當然的模樣，完全沒有不自在。

以古代廳堂的格局來說，進入大門之後是露天中庭，連接中庭和主建築「堂」是東西兩個臺階；在進入堂時，通常會是主人走東階，客人走西階。如果客人跟著主人之後走東階，這代表客人十分謙遜。此時，身為主人必須拒絕客人跟著走東階，並請客人一定要從西階入堂，才是有禮的舉止。

文伯當時還不到二十歲，尚未經過弱冠之禮，當然不是個成年人。從文伯的種種舉動都可知道文伯自以為成人，對友人十分無禮。這讓敬姜十分生氣，於是舉了周武王、齊桓公、周公等例子來說明道理。

敬姜告訴文伯，有次周武王散朝時，襪帶斷了，這時他

文伯出學而還歸，敬姜側目而盼之。見其友上堂，從後階降而卻行，奉劍而正履，若事父兄。文伯自以為成人矣。 ——《列女傳·母儀傳·魯季敬姜》

的左右剛好沒有人可以服侍他，於是他自己彎下身，繫好了襪帶；齊桓公可以坐下來商議談話的朋友就有三個，能夠進諫他的臣子就有五個，每天挑他毛病的人就有三十個人；周公只要有客人來訪，就會立刻親自去接待。所以他吃一頓飯就得停頓三次，連洗頭髮也因接待客人而暫停。

　　敬姜舉這些例子是要文伯知道，必須把朋友當作比自己更高明的人來對待，要文伯知道自己必須更謙虛懂事。這次的事件，讓敬姜為文伯聘擇嚴師、賢友，而文伯後來也的確沒有讓敬姜失望，學會了該有的弟子之禮。敬姜後來看見文伯的改變，也才欣慰的說：「這樣才算是成人啊！」

　　劉向透過這個事件，除了傳達出做人應該「勿驕滿、要謙下」的概念，也說明唯有如此教導孩子，才是位教子有方的好母親。劉向重儒、塑造女性好榜樣的中心思想，顯而易見。

文伯飲南宮敬叔酒，以露堵父為客。羞鱉焉小，堵父怒。相延食鱉，堵父辭曰：「將使鱉長而食之。」遂出。

——《列女傳·母儀傳·魯季敬姜》

文伯曾宴請同事南宮敬叔。古代請人飲酒，必須尊另一人為上客，而露堵父就是此次宴席的上客。露堵父因為一道菜餚中的鱉太小，推辭不吃，且說：「等鱉長大我再來吃。」接著憤而離席。

敬姜知道這件事後，非常生氣，甚至將文伯趕出家門，直到五天後有魯國的大夫來講情，才讓文伯回家。從這件事可看出，敬姜在處理小事時十分謹慎。

敬姜引用公公季悼子曾說的話：「祭祀時，要讓代死者受祭的人吃得好；宴請時，要讓上賓吃得好」來訓戒文伯。不僅可看出她除了懂得禮儀之外，還能將公公所言謹記在心，能夠維持家風，在當時的世家中，確實是風範。

古代女子不能上學，敬姜為女子，卻能懂得不同階級所要做的

各種事情及禮儀，不免讓人疑惑。其實古代女子雖不能到私塾上學，仍可請士大夫的妻子作為家教老師。尤其是貴族家的子女，會特別聘請家教給予指導。敬姜既然能夠嫁給魯國三桓之後，一定也有不錯的家世，那麼自然能夠聘請家教老師。從敬姜與文伯的對談，就能發覺她的知識豐富，口才甚佳，以她的智慧、見地看來，絕不是泛泛之輩。

《列女傳》以女性作為書寫主題，男性在書中常是被教訓、導正、受到迷惑或嘲弄的角色，看起來似乎是男性較女性顯得駑鈍許多。其實回歸劉向的寫作目的，書中的情節畢竟是為了「宣揚王教、勸戒天子」而節錄，因此不能誤以為當時的社會情況是女尊男卑。實際上當時的社會仍是以男性為主的傳統模式，只是劉向透過了女性之口傳達那些訓戒之詞，描述出心中理想的社會現象，也希望現實社會中的男性能像書中角色，能夠聽懂訓戒，潔身自愛，展現理想形象。

季康子

　　敬姜在家紡紗，文伯看了很擔憂，覺得這樣會有損季康子與季家的顏面。母親紡紗，文伯究竟有什麼好擔憂的呢？這就要從三桓、敬姜、文伯、康子的親屬關係說起了。

　　魯莊公、慶父、叔牙和季友都是魯桓公的兒子。魯莊公繼承了王位，後來封了慶父、叔牙和季友為公卿，他們分別是魯國孟孫氏、叔孫氏和季氏的始祖。這三個家族在魯國可說是勢力最大、專權時間最長的三大世家，又因為是魯桓公之後，因此三大家族又被稱為「三桓」。

　　季康子是季氏家族的後裔，服事魯哀公。當時魯國宮室已經逐漸衰弱，但是以季氏為首的三桓仍十分強盛。季氏宗主是季康子，位高權重，是當時魯國的權臣，文伯則是當時魯國的大夫。

　　魯季敬姜，因為嫁給了魯國季氏家族的穆伯靖，因此在名字前冠上「魯」字，季則是夫家的姓氏，敬是諡號，姜是娘家的姓氏，她是文伯的母親。

文伯退朝，朝敬姜，敬姜方績。文伯曰：「以歜之家，而主猶績，懼干季孫之怒，其以歜為不能事主乎？」——《列女傳·母儀傳·魯季敬姜》

穆伯靖是季康子祖父——季平子的弟弟，季康子要稱穆伯靖為從叔祖父，稱穆伯靖的妻子敬姜為從叔祖母。

當時的季室宗主季康子既然已是權臣，身為季氏家族的一員，想必不愁吃穿，所以文伯認為母親不需再如此費心生產。而且母親如此勞累，會讓他人誤以為自己沒有侍奉母親的能力，傳出去可能還會讓自己與季氏家族蒙羞。

文伯沒想到，短短幾句話，卻引來母親勃然大怒。敬姜舉了天子、諸侯、卿大夫、士子、百姓及其妻子為例，說明每個人都有自己所要負責的事務。只有在上位者用心，在下位者出力，記著祖先的功業，時時提醒自己不可怠惰，才不會變得放縱。

在《列女傳》中，可看出女性對政治的關心。劉向鼓勵女子關心政治，也說明劉向認為女子對國家也能發揮正面的影響力。他也在文字中透露期盼皇帝在選妃立后時，能挑選對國政有所幫助，而非僅有美貌之女子。

敬姜嘗如季氏。康子在朝,與之言,不應;從之,及
寢門,不應而入。——《列女傳·母儀傳·魯季敬姜》

　　了解季康子和敬姜的親屬關係後,接下來要來看看他們之間的
互動。有次敬姜去了季康子家,那時季康子正在朝堂,看到從叔祖
母到來,季康子立刻前去招呼,沒想到敬姜完全不回應。季康子跟
在敬姜後頭,走到臥室門口,敬姜也都不理睬他,獨自進去了房間。

　　後來季康子結束朝政後,又再詢問敬姜,究竟是怎麼一回事。
敬姜才說明,她認為外朝是季康子處理政事的地方,內朝是季康子
處理季氏家族事務的地方。但不管是外朝和內朝,她認為自己都不
適合發表言論,所以才會不回應季康子。

　　又有一次季康子去看敬姜,敬姜把門打開和季康子說話,從頭
到尾都沒有越過門檻。《禮記》〈內則〉說:「男不言內,女不言外。」

〈曲禮〉也說：「外言不入於梱，內言不出於梱。」梱指的是門檻，從這些記載上來看，門檻不僅在空間上有區別內外的功能，在社會意義上也有區別男女專職事務的涵義，所以敬姜與季康子的談話，才會以門檻為限。

而祭祀公公季悼子時，敬姜輩分最高，擔任主祭，而季康子身分最貴，擔任賓。原本在祭祀中主人和賓會一來一往的互相敬酒，敬姜卻規定主人不用接受賓的敬酒；祭典之後的宴飲，敬姜也只喝幾口酒就回房，以免酒醉失態。

由以上的例子就可知道，敬姜對於男女有別之禮十分注重，從不踰越禮節。這也突顯出劉向認為應該注重男女之間的分際，希望能抑制後宮的專橫，而這價值觀也影響了中國傳統社會對待女性的價值觀與要求。

孔子

敬姜出入重視男女有別，與季康子之間的應對進退都能恪守男女之禮。孔子聽到後稱讚她：「敬姜能注重男女有別的禮數啊！」

〈魯季敬姜〉一文篇幅不長，但卻出現了三次孔子讚美敬姜的話語。除了讚揚季家的敬姜是不會亂了規矩之人之外，還稱讚敬姜「女知莫如婦，男知莫如夫，公父氏之婦知矣，欲明其子之令德。」強調敬姜十分有智慧，要求媳婦不要因為文伯之死而哭天搶地，如此才可揚顯文伯的美德；以及讚美敬姜非常懂得禮教，她的愛不僅是表現在對於自己的兒子，而且十分的無私，行事也非常守禮法。

做為儒家學者，劉向尊儒是無庸置疑的；而孔子是儒家思想的至聖，劉向當然是大力推崇。透過孔子之口讚頌敬姜，等於是再一次強調女子應有的德行，並期望女子能向敬姜效法。

劉向希望透過《列女傳》達到內聖外王之道，劉向希望「內聖」交由女性來完成，「外王」的部分則由男性達成。《列女傳》中的女性，對於男性多半只能勸戒、提出建議，而決定權仍在男性手中。

仲尼謂：「敬姜別於男女之禮矣！」

— 《列女傳·母儀傳·魯季敬姜》

劉向的理想是，藉由女性的力量，讓男性能夠完成治國、平天下的任務。母親有了良好的德行，才能教育出品格優異的孩子；而品德優良的孩子成長後，就能實行正道，為國家人民謀求福祉。只是，這個理想和當時後宮的亂象相差甚遠，對後宮、外戚干政的遏止也有限。

魯季敬姜是《列女傳》中唯一被孔子頌為慈母的人，她的言語行為堪稱典範。在當時的社會中，母親的偉大，不在於對孩子的噓寒問暖或為孩子的衣食溫飽操心；母愛的無垠，是在如何對孩子教育仁義道德、禮儀規範。《列女傳》的《母儀傳》卷中，強調母愛和教養。其中，敬姜則是大大落實了教養的部分：敬姜知禮、守禮，更教導孩子懂禮。雖然有些行為和價值觀在今日看來，有些許不合時宜。不過，劉向為敬姜所樹立的慈母形象，卻有一定的時代背景和意義。

敬姜之處喪也，朝哭穆伯，暮哭文伯。仲尼聞之曰：
「季氏之婦可謂知禮矣，愛而無私，上下有章。」

——《列女傳・母儀傳・魯季敬姜》

　　敬姜在文伯去世後，白天為已去世的丈夫穆伯傷心流淚，晚上則是為了兒子文伯哀傷哭泣。孔子稱讚她知禮，因為敬姜的愛心沒有偏私，對上對下的愛能夠分得清楚。

　　《禮記・坊記》中說：「寡婦不夜哭。」強調了寡婦不可在晚上哭泣。所以敬姜在晚上只為兒子文伯哭泣，而不為丈夫穆伯哭泣。因為寡婦夜哭有過分想念丈夫之嫌，會讓人以為丈夫在生前沒有為了事業好好奮鬥，成天都和妻子膩在一起。夫妻感情過好，所以丈夫一死，妻子才會夜夜啼哭。對於「寡婦不夜哭」的禮儀，敬姜不僅嚴格要求自己的媳婦，自己更是身體力行，當然這也是劉向希望女性了解的道理。

　　劉向收錄《戰國策》、《國語》、《左傳》、《史記》等內容加以裁剪，寫成了《列女傳》。這本書是諫書的性質，是劉向想要透過本書對皇帝進行規諫。相較於一般諫書，故事必定是較為有趣的，皇帝也就能耐著性子繼續往下看。如此一來，皇帝在閱讀的過程中，就能接收到劉向所想傳遞的訊息，或許就會受到書中內容的潛移默化，建立了正確價值觀，不再沉溺享樂與荒唐行事。

　　劉向的《列女傳》是第一本將女性歷史獨立出來的著作，這是重視婦女歷史地位的先例。在《列女傳》之後，許多史書也開始記載婦女活動。因此，這本書在中國古代婦女史中佔有很重要的位置，也影響了中國的女子教育。

　　除了《列女傳》，劉向還著有《新序》及《說苑》。這兩本也是以故事為主軸的諫書，這三本書奠定了劉向的地位，他被認為是漢朝偉大的經學家與思想家。

當列女傳的朋友

　　為什麼這本書裡面講的全部都是女性呢？這部中國第一本婦女故事大全，就是有名的《列女傳》。

　　女性，一直是生活中最主要的角色，也是最常見的身影。但是在歷代史書當中，卻很少有人提到女性，也幾乎沒有史學家想到要為這些女性專門作傳。從中國有文字有史書以來，一直到了漢朝，才終於出現了一本專門書寫女性的史書，這也讓《列女傳》突出於所有史書之中，讓人眼睛一亮。

　　漢成帝沉迷於女色，忽略了朝政，身為漢室宗族又是朝廷命官的劉向無法坐視不管，任由皇帝繼續不理國事。另外，有鑑於後宮的后妃們在皇帝的寵溺下，帶進大批的親戚進宮，把持朝政，讓西漢王朝岌岌可危。為了挽救漢朝與國家，劉向利用自己非常擅長整理圖書、分類編目的能力，收集了歷代到漢朝各種女性的故事，將這些女性分門別類，編寫成《列女傳》。他希望利用這些故事，讓皇帝和後宮嬪妃們可以了解、學習女性的正面力量，進而發揮潛移默化的功效，讓漢朝王室可以重新振作。因此如果你想認識古代最偉大的母親、最賢慧的妻子、最傑出的女性，甚至是敗壞國家綱紀的女子，只要翻開《列女傳》，就可以盡收眼底。而且從中，你還可以發現在儒家思想下的女性形象。

　　當《列女傳》的朋友，你可以從另一個角度來重新理解中國歷史與文化，更重要的是，你能聽到另一個不同於以男性為主的歷史聲音，看見中國女性怎麼在歷史中生活的痕跡。

我是大導演

看完了列女傳的故事之後，
現在換你當導演。
請利用紅圈裡面的主題（慈母），
參考白圈裡的例子（例如：教養），
發揮你的聯想力，
在剩下的三個白圈中填入相關的詞語，
並利用這些詞語畫出一幅圖。

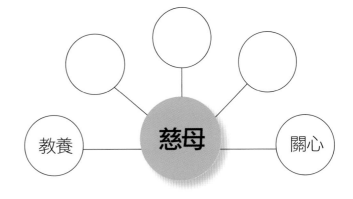

◎ 少年是人生開始的階段。因此，少年也是人生最適合閱讀經典的時候。

因為，這個時候讀經典，可以為將來的人生旅程準備豐厚的資糧。

因為，這個時候讀經典，可以用輕鬆的心情探索其中壯麗的天地。

◎ 【經典少年遊】，每一種書，都包括兩個部分：「繪本」和「讀本」。

繪本在前，是感性的、圖像的，透過動人的故事，來描述這本經典最核心的精神。

小學低年級的孩子，自己就可以閱讀。

讀本在後，是理性的、文字的，透過對原典的分析與說明，讓讀者掌握這本經典最珍貴的知識。

小學生可以自己閱讀，或者，也適合由家長陪讀，提供輔助說明。

001 左傳　春秋時代的歷史
The Chronicle of Tso: The History of the Spring and Autumn Period

故事／林安德　原典解說／林安德　繪圖／柳俏

三公交會，引發了什麼樣的政治危機？兩個謀士互相鬥智，又造就了一段什麼樣的歷史故事？那是一個互兼併與征伐的時代，同時也是個能言謀士輩出的時代。那些鬥爭與辯論，全都刻畫在《左傳》中。

002 史記　史家的絕唱
Records of the Grand Historian: The Pinnacle of Chinese Historiography

故事／林怡君　原典解說／林怡君　繪圖／袁靜

李廣「飛將軍」面對匈奴大軍毫無懼色，為漢朝立下許多戰功，卻未能獲得相稱的爵位，最後抱憾而終。從黃帝到漢武帝，不論是帝王將相、商賈名流，貫穿三千多年的歷史，《史記》成為千古傳頌的史家絕唱。

003 漢書　中原與四方的交流
Book of Han: Han Dynasty and its Neighbors

故事／王宇清　原典解說／王宇清　繪圖／李遠聰

張騫出使西域，不僅為漢朝捎來了塞外的消息，也傳遞了彼此的物產與文化，開拓一條史無前例的通道，成就一趟偉大的冒險。他的西域見聞，都記錄在《漢書》中，讓大家看見了草原與大漠，竟然是如此豐富美麗！

004 列女傳　儒家女性的代表
Kao-tsu of Han: The First Peasant Emperor

故事／林怡君　故事／林怡君　繪圖／楊小婷

她以身作則教孩子懂得禮法，這位偉大的母親就是魯季敬姜。不僅連孔子都多次讚譽她的美德，《列女傳》更記錄下她美好的德行，供後世永流傳。《列女傳》收集了中國歷代名女人的故事，呈現不同的女性風範。

005 後漢書　由盛轉衰的東漢
Book of Later Han: The Rise and Fall of Eastern Han

故事／王蕙瑄　原典解說／王蕙瑄　繪圖／李莎莎

《後漢書》記錄了東漢衰敗的過程：年幼的皇帝即位，而外戚掌握實權。等到皇帝長大了，便聯合身邊最信任的宦官，奪回權力。漢桓帝不相信身邊的大臣，卻事事聽從甜言蜜語的宦官，造成了嚴重的「黨錮之禍」。

006 三國志　三分天下始末
Record of the Three Kingdoms: The Beginning of the Three Kingdoms Period

故事／子魚　原典解說／子魚　繪圖／Summer

曹操崛起，一統天下的野心，卻在赤壁遭受挫折，僅能雄霸北方，留下三國鼎立的遺憾。江山流轉，近百年的分裂也終將結束，西晉一統三國，三國的分合，盡在《三國志》。

007 新五代史　享樂亂政的五代
New History of the Five Dynasties: The Age of Chaos and Extravagance

故事／呂淑敏　原典解說／呂淑敏　繪圖／王韶薇

李存勗驍勇善戰，建立後唐，史稱後唐莊宗。只是他上任後就完全懈怠，和伶官一起唱戲作曲，過著逍遙生活。看歐陽修在《新五代史》中，如何重現後唐莊宗從勤奮到荒唐的過程。

008 資治通鑑　帝王的教科書
Comprehensive Mirror for Aid in Government: The Guidance for Emperors

故事／子魚　原典解說／子魚　繪圖／傅馨逸

唐太宗開啟了唐朝的黃金時期。從玄武門之變到貞觀之治，這條君王之路，悉數收錄在《資治通鑑》中。翻開《資治通鑑》，各朝各代的明君賢臣、良政奇政，皆蒐羅其中，成為帝王治世不可不讀的教科書。

◎ 【經典少年遊】，我們先出版一百種中國經典，共分八個主題系列：
詩詞曲、思想與哲學、小說與故事、人物傳記、歷史、探險與地理、生活與素養、科技。
每一個主題系列，都按時間順序來選擇代表性的經典書種。

◎ 每一個主題系列，我們都邀請相關的專家學者擔任編輯顧問，提供從選題到內容的建議與指導。
我們希望：孩子讀完一個系列，可以掌握這個主題的完整體系。讀完八個不同主題的系列，
可以不但對中國文化有多面向的認識，更可以體會跨界閱讀的樂趣，享受知識跨界激盪的樂趣。

◎ 如果說，歷史累積下來的經典形成了壯麗的山河，那麼【經典少年遊】就是希望我們每個人
都趁著年少，探索四面八方，拓展眼界，體會山河之美，建構自己的知識體系。
少年需要遊經典。
經典需要少年遊。

009 蒙古秘史 統一蒙古的成吉思汗
The Secret History of the Mongols: The Emergence of Genghis Khan
故事／姜子安　原典解說／姜子安　繪圖／李菁菁
北方的草原，一望無際，游牧民族在這裡停留又離去。成吉思汗在這裡
出生成長，統一各部族，開創蒙古帝國。《蒙古秘史》說出了成吉思汗
的一生，也讓我們看到了這片草原上的故事。

010 臺灣通史 開闢臺灣的先民足跡
A General History of Taiwan: Footprints of the First Pioneers
故事／趙予彤　原典解說／趙予彤　繪圖／周庭萱
《臺灣通史》，記錄了原住民狩獵山林，還有荷蘭人傳教通商，當然還
有漢人開荒闢地的故事。鄭成功在臺灣建立堡壘，作為根據地。雖然他
反清復明的心願無法實現，卻讓許多人在這裡創造屬於自己家園。

經典 少年遊

youth.classicsnow.net

004
列女傳　儒家女性代表
Biographies of Exemplary Women
The Moral Education of Ancient Chinese Women

編輯顧問（姓名筆劃序）
王安憶　王汎森　江曉原　李歐梵　郝譽翔　陳平原
張隆溪　張臨生　葉嘉瑩　葛兆光　葛劍雄　鄭培凱

故事：林怡君
原典解說：林怡君
繪圖：楊小婷
人時事地：曾柏偉

編輯：張瑜珊 張瓊文 鄧芳喬
美術設計：張士勇
美術編輯：顏一立
校對：陳佩伶

企畫：網路與書股份有限公司
出版者：大塊文化出版股份有限公司
台北市10550南京東路四段25號11樓
www.locuspublishing.com
讀者服務專線：0800-006689
TEL：+886-2-87123898
FAX：+886-2-87123897
郵撥帳號：18955675
戶名：大塊文化出版股份有限公司
法律顧問：全理法律事務所董安丹律師

總經銷：大和書報圖書股份有限公司
地址：新北市新莊區五工五路2號
TEL：+886-2-8990-2588
FAX：+886-2-2290-1658
製版：沈氏藝術印刷股份有限公司

初版一刷：2013年4月
定價：新台幣299元